LE BON PÈRE,

OPÉRA-BOUFFON

EN UN ACTE

Représenté, pour la première fois, le 8 Octobre 1788, sur le Théâtre alors nommé DE BEAUJOLAIS, et joué maintenant sur celui DES AMIS DE LA PATRIE, ci-devant DE LOUVOIS.

Paroles du Citoyen L—P., Musique du Cit. CAMBINI.

Prix, 1 liv. 10 sols.

(Par Lépitre, d'après Gouget)

A PARIS,

Chez la Citoyenne TOUBON, sous les galeries du Théâtre de la République, à côté du passage vitré.

L'an 3 de la République Française.

PERSONNAGES,

MICHAUT, Fermier.
THÉRÈSE, sa Femme.
JEANNETTE,
JACQUOT, âgé de 10 ans, } leurs Enfans.
LE BAILLI.
MATHURIN, Père de Bastien.
BASTIEN, Amoureux de Jeannette.

La Scène dans un village; d'un côté, la maison de Michaut; de l'autre, au fond du Théâtre, une chaumière en mauvais état.

Je soussigné, Auteur et propriétaire d'un Opéra bouffon en un acte, intitulé, *Le bon Père*, reconnais céder à la Citoyenne Tournox, Libraire à Paris, le droit d'imprimer et débiter ladite Pièce; déclare poursuivre devant les Tribunaux tout Imprimeur qui oserait en faire une contrefaçon, de même que tout Directeur et Entrepreneur de Spectacle qui la ferait représenter sans mon consentement formel et par écrit.

J. F. L——P.

LE
BON PÈRE,
OPÉRA BOUFFON.

SCÈNE PREMIÈRE.

MICHAUT, THÉRÈSE, LE BAILLI.

Michaut et le Bailli sont assis près d'une table sur laquelle on voit deux timballes et une bouteille : ils achèvent de déjeûner. Thérèse est debout.

MICHAUT.

T'nez, M. l' Bailli, j' vous r'mercions d' vos bontais ; mais, sauf vot' respect, j' ne f'rons rien de c' que vous nous dites.

THÉRÈSE.

C'pendant, not' homme, l'avis d' M. l' Bailli....

A 2

MICHAUT.

'T' plaît infiniment, not' femme? Ça n' me surprend pas; c' qui flatte la vanitai paraît toujours l' plus sage, et quand l's 'dées d' grandeur s' logeont dans une tête femelle, y' y a plus guère ed' place pour la raison.

LE BAILLI.

Ecoutez, Michaut, examinez encore.

MICHAUT.

Volontiai, examinons. Queuqu' vous proposai, M. l' Bailli? D'envoyai Jacquot à Paris, afin qu'il y parvienne? A c'la j' réponds qu' Jacquot rest'ra dans son village, où, grace à nos soins, il est tout parvenu.

LE BAILLI.

Mais la raison?

MICHAUT.

La raison? La voici. J' sommes farmier, riche assai; j' pouvons l' dire, parc' que c' bian-là n' doit rian à parsonne. J'ons d's enfans que j'aimons de tout not' cœur. Pourquoi, morgué, l's éloignerais-je de moi? On est si bian auprès d' son père!

THÉRÈSE.

Oui : mais c'te politesse d'une grande ville...

MICHAUT.

Y apprendra-t-i' mieux qu'ici à être honnête homme? Non, Thérèse, et v'là c' qu'est l' plus nécessaire à savoir. D' bonne-foi, qu' vont charcher nos

enfans à Paris? d' la fatuitai, qu' vous prenai pour
d' la gentillesse.

THÉRÈSE.

Ah! not' homme, l' fils du gros Pierre...

LE BAILLI.

C'est un garçon charmant.

MICHAUT.

Qui n'a pas l' sens-commun, quoiqu'élevé à la
ville. Parc' qu'i' vous lâche d' grands mots que j'
n'entendons ni l'un ni l'autre, ça s' croit un per-
sonnage, ça méprise nos paysans, ça parle à son père,
en l'y disant monsieur. J' n'aimons pas c'te ci-ci itai-
là. L' nom d' père qu'est si doux à not' oreille, n'
doit pas écorcher la bouche de nos enfans.

THÉRÈSE.

(*Bas*). Monsieur l' Bailli, appuyai donc.

MICHAUT.

T'as biau faire, not' femme, n'en sera ni p'us, ni
moins. Jacquot n'a pas comm' ça du tems à perdre;
et pour venir à quoi?

LE BAILLI *avec emphase.*

Comment à quoi? Vous en ferez un honnête pro-
cureur.

MICHAUT.

Ça s'rait p't-être difficile, M. l' Bailli.

LE BAILLI.

Point du tout. Quelques années passées dans une étude, et je le vois voler de ses propres ailes.

MICHAUT.

Voler... comm' vous avai l' mot juste, M. l' Bailli! Mais écoutai, tout ça peut être fort biau à vos yeux, et à ceux d' not' bâtagère; aux miens, c'est d' la fumai. J' sommes nés dans c'te ferme, nos enfans y sont nés, j' voulons y voir naître nos petits-enfans.

ARIETTE.

Je vous l' disons avec franchise,
Plus de repos, et moins d' grandeur.
Gaîté, santé, veila ma d'vise,
Et ça suffit pour le bonheur.
Bien fou, morgué, qui se tourmente
Pour satisfaire un vain désir!
Non, jamais un bien ne me tente,
Que quand i' m' promet l' plaisir.

Au sein de ma famille,
Je vis content, je suis heureux,
Et tel, dont l'habit doré brille,
N'est pas souvent aussi joyeux.
Quand fatigué de not' ouvrage,
Je r'viens l' soir,
Au milieu de notre ménage,
Il faut me voir.
Com' vous voilà, mon père!
Asseyez-vous,
Embrassez-nous.
Puis i' m' caressont tous:
Et c'est bien doux,
Parc' qu' c'est sincère.

Et moi qui n' leux céd' pas,
Il faut bian que j'répète:
Embrasse-moi, Jeannette;
Mon fils, vians dans mes bras.
Quand j' les y tiens, j' ne s'is plus las.
Oai, j' vous l'disons, etc.

Par ainsi vous voyai, M. l' Bailli, qu' j'ons raison d' ne pas nous ôtai l' plaisir. Quant au chapitre de Jeannette... Mais, chut... N' faut pas traitai encora c't article-là d'vant elle. (*Jeannette regarde à la porte qu'elle tient entr'ouverte*).

SCÈNE II.

MICHAUT, LE BAILLI, THÉRÈSE, JEANNETTE.

THÉRÈSE *la prenant par le bras.*

Eh bian, Mamselle, d'où v'nais-vous? On n' vous a pas vu d' la matinai.

MICHAUT.

(*A part*). Gn' y avait d' bonnes raisons pour ça.

THÉRÈSE.

Toujours dans vot' chambre?

JEANNETTE *embarrassée.*

Ma mère...

A 4

THÉRÈSE.

Quoi! ma mère... Queuq'signifie c't embarras?

LE BAILLI.

Allons, Thérèse, ne grondez pas cette chère enfant. Comme elle est jolie! Plus on la voit, et plus on l'aime.

MICHAUT.

Tu n' réponds pas à c'te civilitai de M. l' Bailli? (*Bas*). Ta mère n' sait rian; j' n'ons sonné mot.

THÉRÈSE *prêtant l'oreille.*

Comment?

MICHAUT.

Doucement, not' femme. J' raspectons vos secrets; et j' dis, faut être honnête. (*Bas*). J' t'apprendrons tout, quand i' s'ra tems. (*Haut*). Tiens, Jeannette, rentre tout ça. J'ons queuqu' chose à finir avec M. l' Bailli. Mais quand tu reviendras, faut avoir un air p'us gai, p'us agréable. (*Bas*). Ça t' trahit malgré toi. (*Jeannette emporte la bouteille et les timballes*).

SCÈNE III.

MICHAUT, LE BAILLI, THÉRÈSE.

LE BAILLI.

Qu'a-t-elle donc, cette aimable enfant?

THÉRÈSE.

Bah! ces filles... ça pleure com' ça rit, sans savoir pourquoi.

MICHAUT.

P't-être aussi qu'alle a queuqu' méfiance ed' vos propositions, M. l' Bailli...... Heureusement qu' c'est eunne plaisanterie?

LE BAILLI.

Comment! une plaisanterie? Non, non, ma foi; rien n'est plus sérieux. J'adore Jeannette, et...

TRIO.

MICHAUT.

Monsieu l' Bailli, vous voulai rire!

LE BAILLI.

Qui? moi, Michaut?

MICHAUT.

Assurément.

THÉRÈSE.

Je vous croyons sage et prudent.

LE BAILLI.

Thérèse, que voulez-vous dire?

THÉRÈSE.

Jeannette a touché votre cœur?

LE BAILLI.

Jeannette règne sur mon ame.

MICHAUT.

Et pour éteindre cette ardeur,
Vous nous la demandiez pour femme?

THÉRÈSE *riant.*

Monsieur l'Bailli, n' vous fâchai pas;
Mais, à coup sûr, vous voulai rire?

LE BAILLI.

Pourquoi ces vains éclats?
Thérèse, que voulez-vous dire?

MICHAUT.

Ma Jeannette n'a que seize ans;
Vous en aurai bientôt soixante,
Vos cheveux gris vont d'venir blancs.

THÉRÈSE.

Jeannett' vous plait, elle est charmante;
Mais ses seize ans
Iront mal avec vos soixante.

LE BAILLI.

Près d'elle, le plaisir

Et le desir
Suffiront pour me rajeunir.

MICHAUT.

Monsieur l' Bailli, vous vo'lai rire?
N'accoutai pas une folle ardeur.

LE BAILLI.

Je sens encor de la vigueur.

THÉRÈSE.

Un rian peut la détruire.

Ensemble.

MICHAUT.	THÉRÈSE.	LE BAILLI.
Assurément, vous vou'ai rire?	Monsieu l' Bailli, C'est un d lire;	Qui! moi? Que prétendez vous dire!
N'écoutai pas un' folle ardeur.	N'accoutai pas un' folle ardeur.	Ce n'est point une folle ardeur.
De la vigueur, A soixante ans! c'est une erreur,	De la vigueur A soixante ans! c'est une erreur,	Je sens encor de la vigueur, De la vigueur. Je sens encor une vigueur
Qu'un moment peut détruire.	Qu'un moment peut détruire.	Que rien ne peut détruire.

LE BAILLI.

Papa Michaut, il me reste une proposition à vous faire. Vous connaissez ma fortune... Donnez - moi Jeannette... et je ne veux point de dot.

MICHAUT.

Point de dot, M. le Bailli?

Le Bailly.

Rien, rien que Jeannette.

Michaut.

Quel désintéressement !

Le Bailly.

Ça vous décide ?

Michaut.

Oui, M. l' Bailli, ça me décide tout-à-fait. Vous n'aurai point Jeannette, à moins, j' dis, qu'alle ne s' donne alle-même. Vous avai cru m' gagnai avec vot' point d' dot. A Paris, ça prendrait; cheu nous, c'est inutile. Il est bon d' ménageai; mais, morgué, c' n'est pas quand i' s'agit du bonheur d' ses enfans !

Thérèse.

Not' homme a raison. Plaisai à not' fille, alle est à vous.

Michaut.

Faut vous dépêchai, M. l' Bailli, car, voyai, ça court à ses seize ans, et j' dis... Vous m'entendai ?

Le Bailli.

Allons, je m'adresserai à Jeannette. Je lui plairai, je lui plairai. (*Avec dignité*). Mais des affaires m'appellent. Le bien public me défend de rester plus long-tems avec vous, et je me rends à l'audience.

Michaut.

Sans rancune, M. l' Bailli, Vous savai qu' c'est aujourd'hui ?...

LE BAILLI.

La veille de votre fête ? J'entends...

MICHAUT.

Un souper en famille... d' bon vin , d' la gaîté...

LE BAILLI.

De bon vin, votre fête, et celle de Jeannette : je viendrai, je viendrai.

SCÈNE IV.

MICHAUT, THÉRÈSE.

THÉRÈSE.

MAIS queuqu' tu penses de c' grison d' Bailli qu' en veut com' ça à not' fille ?

MICHAUT.

J' pense qu'il l'y faudrait eune tournure plus agriable pour réussir... Par exemple, c'telle-là d' Bastien. J' sis sûr qu'il plairait à Jeannette.

THÉRÈSE.

Bastien ? queuqu' tu veux dire, not' homme ? Est-ce que ?... Si j' savions ?...

MICHAUT.

Te v'là enlevée !... Tu n' sauras rien.

THÉRÈSE.

Un p'tit drôle, qui n'a pas...

MICHAUT.

Oui ; mais qu' est ben joli, ben fait, ben propre à tourner la tête aux filles.

THÉRÈSE.

Sans nous, l'i et son père...

MICHAUT.

N' parlons pas d' ça, Thérèse. L' bien qu'on fait, faut l' faire : c'ti-là qui l' reçoit, doit seul en parlai. De c' que Bastien aime Jeannette, Mathurin est-il moins honnête-homme ? C'te tendresse du fils n'empêche pas la r'connaissance du père.

THÉRÈSE.

Mais comment qu' tu sais ça ?

MICHAUT.

Acoutes, promets-moi d' n'en sonner mot aujourd'hui à Jeannette. J'y ons promis nous-mêmes l' secret. N' faut pas troubler l' plaisir d' sa fête.

THÉRÈSE.

J' te l' promettons.

MICHAUT.

C' matin, j'étions à c'te fenêtre entrebaillai... J' voyons Bastien là où tu es, un gros bouquet à sa main... Jeannette était là, où j' s'is à présent... Bastien l'i offre son paquet d' fleurs.

THÉRÈSE.

Que Jeannette reçoit ?...

MICHAUT.

C'est dans l'ordre. Faut être poli. Ensuite Bastien demande un baisai pour ça. Jeannette...

THÉRÈSE.

N' l'a pas donnai.

MICHAUT.

Non ; mais l'a reçu. Sur ce, j' s'is descendu. Ils avaient eu le tems de r'comarncer.

THÉRÈSE.

Le coquin!

MICHAUT.

Com' faut d' la décence, j'ons poliment chassai Bastien, et renvoyai Jeannette dans sa chambre.

THÉRÈSE.

Belle punition, ma foi!... Ah! si j'eussions été là!...

MICHAUT.

Quaiqu' t'aurais fait? Vas, Thérèse, la colère n'est bonne à rien. Tous les jeunes gens sont d' même.

DUO.

THÉRÈSE.

Ah! mon ami,
Dans not' jeun' âge,

Au village,
Il n'en était pas ainsi.
Eune fille était plus sage,
Un garçon moins hardi.

MICHAUT.

Mais non pas davantage.
On n'était ni plus sage,
  Ni moins hardi.

THÉRÈSE.

Mais, mon ami,
Rappelle-toi donc not' jeun' âge.

MICHAUT.

Ah ! Dieu marci,
J' nous rappelons bian not' jeun' âge.

Ensemble.

MICHAUT.   THÉRÈSE.

Au village,   Au village,
Tout se passait ainsi.   Tout n'allait pas ainsi.
On n'était ni plus sage,   Une fille était plus sage,
  Ni moins hardi.   Un garçon moins hardi.

MICHAUT.

Tiens, ma Thérèse,
Soyons de bonne-foi ;
Quand j'étions près de toi,
N'étais-tu pas bien aise ?

THÉRÈSE.

Mais, oui, j'étions bien aise,
Quand j' t'avions près de moi.

MICHAUT.

MICHAUT.

Quand j' te faisions l'homage
D'un bouquet,
Hé bien!

THÉRÈSE.

J'eu parions not' corset.

MICHAUT.

Quand en secret
J' te demandions pour gage
Un baiser?

THÉRÈSE.

J' n'en donnions jamais.

MICHAUT.

Mais
Tu me laissais les prendre
Et sans trop te défendre.

THÉRÈSE.

Eh bien!

MICHAUT.

Eh bien!
Jeannette et Bastien
Font d' même.

THÉRÈSE.

Mais un doux lien
D'vait combler not' ardeur extrême,
Et pour eux c' n'est pas d' même.

MICHAUT.

Nos bons parents
Grondaient, criaient, faisaient tapage ;
On nous guettait... Pauvres enfants!

B

J' profitions de tous les instans :
Et queu domage ,
Quand on surprenait nos amans !
Ta mère
Sévère
Disait : Ah ! de mon tems. . . .
Au village
Il n'en était pas ainsi :
Une fille était plus sage,
Un garçon moins hardi.
Et nous je disons d' même :
Not' couroux semble extrême.

Ensemble.

Mais à part moi ,
Je dis de bonne foi,
Dans mon jeune âge ,
Au village
Tout se passait ainsi :
On n'était ni plus sage,
Ni moins hardi.

THÉRÈSE.

Mais songes donc aussi, Michaut, que j'étions un
parti convenable , au lieu que Bastien. . . .

MICHAUT.

Est pauvre... ça est vrai ;... mais il est doux,
laborieux ; il est bon fils , il sera bon mari : au reste,
j' ne disons rien encore ; faut voir com' ça tour-
nera. . . . J' vons cheux l' compère , au sujet de
ste maison... Gny a queuq' dépendances. . . Faut

(19)

tarminer st'affaire aujourd'hui : j' passerons de là cheux Mathurin... N' vians-tu pas ?

THÉRÈSE.

Mais si, dans not' absence, ce vaurien d' Bastien...,

MICHAUT.

Y n'a garde... J'yons fait une peur qui l'y durera long-tems.

SCÈNE V.

JEANNETTE, seule.

Ils sont partis : mon père aura parlé ! que va dire ma mère ? Etre ainsi surpris, lorsqu'on s'y attend le moins ! comment cela finira-t-il ?

Non : Jeannette plus d'espoir :
Plus d' Bastien qui t' rende heureuse ;
C' matin j'étions si joyeuse,
Et vlà que j' pleurons ce soir
D' Bastien j'étais si chérie,
Tout m' disait qu' j' s'rais à Bastien ;
Vlà pourtant com' dans la vie.
N' faut jamais compter sur rien.

Las ! souvent le plus beau jour
Est troublé par un orage :
L' soleil perc' le nuage,
L' nuage el couvre à son tour.

B 2

D' peine la joye est suivie :
L' mal toujours succède au bien ,
Vlà pourtant com' dans la vie ,
N' faut jamais compter sur rien.

Mais, renaissant à son tour,
L' calme succède à l'orage.
Que n'est-ce la douce image
Du sort qu' me promet l'amour ?
Qu'eu plaisir qnand on s'écrie ,
En passant du mal au bien ,
Vlà pourtant com' dans la vie
N' faut jamais s' deffier de rien.

SCÉNE VI.

JEANNETTE, JACQUOT.

JACQUOT, *portant une corbeille de fleurs,
en accourant.*

BON jour, ma sœur... Tiens, vlà de belles fleurs
pour la fête de not' papa...

JEANNETTE.

Te vlà donc p'tit coureur ! d'où viens-tu ? sans
doute le magister n'a pas eu ta visite !

JACQUOT.

Ah, ben oui, ma visite : c'est trop d'y aller les
jours d'école, sans y mettre encor les congés.

JEANNETTE.

Mais c'est donc congé tous les jours. Tu deviendras
bien savant.

JACQUOT.

Gnya pas d'aut' moyen pour m' faire apprendre.
Sins les congés, j' ne connaîtrais pas mes lettres.

A I R.

Quand l' magister me dit jacquot,
Mon bon ami, faut être sage :
Le jeu n' doit vnir qu'après l'onvrage,
J'étudions, j' ne disons mot.
La recompeuse que j'espère
Suffit pour soul'nir not' ardeur :
Et j' travaillons de tout not' cœur,
Pour avoir l' plaisir d' ne rien faire.

JEANNETTE.

Fort bien raisonné....

JACQUOT.

Et toi. n'es-tu pas ben raisonnable pour t' moquer de moi ? quand papa c' matin... j' tons vue... t'avais l'air petite fille... et Bastien... j' venons itou de le voir.

JEANNETTE, avec empressement.

Tu as vu Bastien ? Jacquot, mon bon ami, t'a-t-il parlé ? que t'a-t-il dit

JACQUOT, d'un air fin.

Mon bon ami, vlà que tu me flattes... mais je ne te dirai rien : papa gronderait, s'il çavait que Bastien cherche à t' parler... Qu'il doit venir... là... près de la vieille chaumière... mais n'faut pas que j'tapprenne ça.

B 3

(22)

JEANNETTE.

Près de la vieille chaumière !

JACQUOT.

J' ne vous dirai plus rien... J'ai mon bouquet à faire... Adieu, Jeannette... Mais prends bien garde d'être surprise... en embrassant Bastien. *Il rentre.*

SCÈNE VII.

JEANNETTE, *seule.*

IL se moque de moi... Bastien n'osera jamais venir.

> *Pendant cet air Bastien paraît*
> *et semble craindre d'être vu, il*
> *se place derrière la chaumière et*
> *fait écho.*

AIR.

C'est ici, sous cet ombrage,
Que souvent j'voyais Bastien ;
Avec ly com' j'étions bien
Quand, à l'abri de c'feuillage,
Il joignait son chant au mien,
   Pauvre Bastien !
Plus d' chansonnette,
  Plus de plaisir :
Loin de toi, Jeannette
  Ne sçaura qu' gémir.

Hélas! envain on nous sépare.   E C H O.

.. Rien ne détruira nos amours.

Bastien... Tu m'aimeras toujours. . . . Toujours.

Mais... Est-ce un songe qui m'égare?

Bastien... Tu m'aimeras toujours . . . Toujours.

A cette voix si tendre,

Je ne puis me méprendre..

Doux écho, par pitié, respecte mes secrets.....Mes secrets.

C'est lui, c'es mon amant fidele.... Amant fidèle

Viens, cher Bastien, ma voix t'appelle; Ma voix t'appelle.

Viens calmer mes regrets.

Elle regarde par tout, elle va à la chaumière, au moment où elle y touche, le Bailli se présente.

S C È N E   V I I I.

JEANNETTE, LE BAILLI.

JEANNETTE, *avec le plus grand trouble.*

AH... en vérité, vous m'avai fait une peur.....

LE BAILLI.

Vous ne m'attendiez pas là!....

JEANNETTE.

Non, non... Assurément c'est fort mal à vous d'effrayer ainsi les jeunes filles, et l'on ne sauroit venir plus mal-à-propos.

B 4

LE BAILLI.

Au contraire, belle Jeannette, moment ne fut jamais plus opportun... Vous étiez seule...

(*Il regarde de divers côtés.*)

JEANNETTE.

Seule, vous avez pu le voir ?.... *A part.* Le vilain homme...

LE BAILLI.

Mais vous chantiez....

JEANNETTE.

N' peut-on chanter, quand on est seule !

LE BAILLI.

Cependant quelqu'un semblait...

JEANNETTE.

N'allez-vous pas dire que j'étais avec quelqu'un ?

LE BAILLI.

Je ne dis pas cela.... Mais on paraissait vous répondre...

JEANNETTE.

Un écho... sans doute ; ... *A part.* Il m'impatiente.

LE BAILLI.

Hé bien ! parlons de manière que l'écho ne puisse répéter ce que nous dirons.

JEANNETTE.

T'nez j'ai tant d' choses à faire. *A part.* Il ne partira pas. *Haut.* Et puis vos occupations.

LE BAILLI.

Mes occupations....... Je n'en ai d'autres à
présent que celles de vous plaire , de vous le dire,
de.....

JEANNETTE.

Mais, M. le Bailli, savai-vous bien que vous m'
faites-la une déclaration , et qu' ma mère m' deffend
d' les écouter.

LE BAILLI... *Se passionnant.*

On vous permettra de recevoir les miennes.....
Ma petite Jeannette,vous pouvez faire mon bonheur...
Oui, oui ; c'est de l'amour que je sens pour vous....
Un amour le plus vif , le plus. ....

JEANNETTE.

Mon dieu ! ne roulai donc pas les yeux com' ça !...

D U O.

LE BAILLI.

jeannette écoutez-moi :

JEANNETTE.

Non , sur ma foi :
Vous paraissez trop redoutable,
Laissez-moi.

LE BAILLI.

Jeannete mon aimable,
Ecoutez-moi :

Il n'est plus tems de feindre :
Daignerez-vous me plaindre ?

JEANNETTE.

Qui , moi ?
Non : sur ma foi.
Si l'on m' voiait dans l' village ,
On jaserait.

LE BAILLI.

On n'oserait :
A mon âge
On craint peu les discours.

JEANNETTE.

A mon âge
Faut craindre les discours :
De vos amours
On s' moquerait, je gage :
On en rirait.

LE BAILLI.

On n'oserait :
Dans votre cœur, Jeannette ,
je lis malgré vous.

JEANNETTE.

Hé bien ! qu'y voyez-vous ?

LE BAILLI.

Que le nœud le plus doux
Doit m'unir avec vous.

JEANNETTE.

Vous lisez mal.

LE BAILLI.

Non , ma Jeannette.

JEANNETTE.

Vous lisez mal, je le répète.
Non , jamais de Jeannette
Vous ne serez l'époux ;
De grace : éloignez-vous.

LE BAILLI.

Ingrate , cruelle !
Puis-je vivre sans vous?

JEANNETTE.

Retirez-vous.... .

LE BAILLI.

Gentille pastourelle
Laissez vous enflammer ;
Ou devenez moins belle,
Ou sachez mieux aimer.

JEANNETTE.

Je ne puis vous aimer.

LE BAILLI.

Quoi? le doux transport qui m'anime
N'obtiendra-t-il aucun retour?

JEANNETTE.

Pour vous j'aurai beaucoup d'estime,
  Mais point d'amour.

Ensemble.

LE BAILLI.	JEANNETTE.
Quoi ! le doux transport qui m'anime	Pour le transport qui vous anime
N'obtiendra-t-il aucun retour?	N'attendez jamais de retour.
Daignez au moins joindre à l'estime	Pour vous j'aurai beaucoup d'estime,
Un peu d'amour.	Mais point d'amour.

LE BAILLI.

Cruelle !... Vous voulez donc faire mourir un bailli !. Mais je vois ce dont il s'agit. Un autre m'a prévenu.

JEANNETTE, *avec impatience.*

Et quand ça s'rait... Y voyez-vous du mal ! S'il est trop tôt d'aimer à seize ans, il est aussi trop tard à soixante.

LE BAILLI.

A part. Elle se fâche ; il faut l'appaiser. *Haut.* Point d'humeur, ma chère Jeannette... Faisons la paix ensemble... Quelques réflexions encore, et vous ne refuserez pas d'être madame la baillive... C'est demain votre fête... Voulez-vous qu'on vous la souhaite... Jeune et jolie ... Que vous manque-t-il ! On ne peut rien vous desirer !

JEANNETTE.

C'est un effet d' vot' politesse.

LE BAILLI.

Mais la veille de la fête on embrasse, et c'est aussi.....

JEANNETTE.

Une politesse dont je vous dispense.

LE BAILLI. *Il veut l'embrasser.*

Jeannette.....

JEANNETTE.

Oh! finissez, M. le Bailli, ou je vais...

SCÈNE IX.

LE BAILLI, JEANNETTE, JACQUOT.

JACQUOT.

BIEN, M. le Bailli... Com' vous y allai... Sans vot' bâton et vos cheveux gris, on vous prendrait pour un jeune homme.

LE BAILLI.

Taisez-vous, petit indiscret!

JACQUOT.

Oui : petit indiscret! pass qu'on empêche M. l' Bailli d'embrassai ma sœur.... Vous sçavai donc pas qu' papa n' veut point qu'on l'embrasse! *Bas.* A-t-il vu Bastien ?

JEANNETTE.

Bas. Je ne crois pas.....

LE BAILLI.

Que vous dit-il Jeannette ?

JEANNETTE.

Rien, M. l' Bailli : c'est un étourdi qui n' sçait pas l' respect qu'on doit à votre âge. *A part.* Comment donc m'en débarrasser! Ecoutez, M. le Bailli, vous voulez parler à mon père.... Si vous alliez l'attendre à la maison ?

LE BAILLI.

Volontiers.... Nous soupons ensemble... Vous avez là-dedans beaucoup d'affaires vous-même , et...

JEANNETTE.

Hé bien, je vous suis... *Bas.* Il ne s'en ira pas... Mais à condition que vous serez sage... *Bas à Jacquot.* Si tu vois Bastien , dis-lui qu'elle est ma peine, et combien il m'en coûte de ne pouvoir lui parler.

SCÈNE X.

JACQUOT, *seul.*

Mais queuq'u donc qu' c'est que s'tamour qui leur tourne à tous la tête... Bastien est triste... Jeannette s' désole... jusqu'à c' Baill... J' n'entends rien à toutes leurs plaintes....

SCÈNE XI.

BASTIEN, JACQUOT.

BASTIEN.

Hé bien, Jeannette?

JACQUOT.

Il y a à parier que tu n' la verras pas d'aujour-d'huy.....

BASTIEN.

C' maudit Bailli... Sans ly, j' parlions encore à Jeannette.

JACQUOT.

Contes-moi ça, Bastien : j' ly dirons qu'al n'en pardra pas un mot.

BASTIEN.

Tu n' lui dirais pas ça com' moi!

JACQUOT.

Oui.... Mais y aurait moins à craindre.

BASTIEN.

C'est qu' tu ne t' doutes pas dé c' que j' sens pour elle?

JACQUOT.

Mon dieu, non.... Mais faut qu' ça soit drôle ;
car d' ten entendre parler ça m'amuse...

BASTIEN.

AIR.

De ta simple et paisible enfance,
Rien ne peut troubler les plaisirs;
Heureux par son indifférence,
Ton cœur n' connait pas les desirs :
Hélas ! faut-il que je regrette
Cet âge où j'étais comme toi ;
P'tètre il durrait encor pour moi,
Si j' n'avais jamais vu Jeannette.

Rien n' te déplait, rien n' te chagrine ;
C'est qu'on n'aime pas à dix ans,
Sans jamais en sentir l'épine,
Tu cueilles la ros' du printems.
Cinq ans encor, triste, inquiette,
Ton ame aura d' nouveaux desirs ;
Mais pour avoir de vrais plaisirs,
Faut aimer quelqu'un com' Jeannette.

SCÈNE XII.

THÉRÈSE, BASTIEN, JACQUOT.

THÉRÈSE.

COURAGE, Bastien, courage : vlà d' belles leçons
qu' tu bailles à not' fils.

JACQUOT.

JACQUOT.

Ah! maman, j' vous assure ben que j' n'y compre-
nions pas un mot.

BASTIEN, *suppliant.*

Mme Michaut...

THÉRÈSE.

C' n'est donc pas assai d' l'affaire de c' matin, au sujet
de Jeannette, sans qu'à présent encore.... Tian,
Bastien, j' sis douce, tu l' sçais.... Mais tu fras bian
d' t'en allai.

BASTIEN.

Si vous vouliai m'entendre....

THÉRÈSE.

Ouais : tu m'en conterais de belles... Va conter ça
à ton père, t'y trouveras not' homme... Oh! tu n'as
pas osé paraître ; l' faudra ben c'pendant, et j' varrons
com' Mathurin t'ascusera... Sans doute qu' tu voulais
enjoleai st' enfant!... Dis, Jacquot... N'est-ce pas
qui t' priai !...

JACQUOT, *d'un air innocent.*

M' prier... Et quoi !... Quand j' sis vnu... il
était là, il chantait, j' l'ons écouté et vlà tout...

THÉRÈSE.

Il n'a pas parlai à Jeannette !...

JACQUOT.

M. l' Bailli qui n' la pas quittai peut vous l' dire.

C

THÉRÈSE.

C'est bon... rentrai..: Adieu, Bastien, ı. Vois-tu
ste porte?... S'il t'arrive ed la r'garder jusqu'à o' que
j' te l' permettions... tu m' connais... Je ne t' dis
qu' ça.... *Elle sourit en s'en allant.*

SCÈNE XIII.

BASTIEN, *seul.*

M'EN allai... n' pas regardai ste porte... c'est impossible. Mes yeux... mon cœur... tout est où d'meure
Jeannette... Commandai, menaçai, Mame Michaut...
j' n'obéirons jamais.

A I R.

Ordonnai-moi d' quitter la vie,
J' puis obéir ;
Mais oubliai ma douce amie,
Plutôt mourir !

Las ! voyai ma douleur extrême,
Il n'est moyen de l'appaisai :
Quand j' ne vois pas celle que j'aime,
Pourquoi m' défendre d'y pensai.
Ordonnai-moi, etc.

Faudra-t-il, loin de ce village,
Me chercher un autre séjour?
J' ny gagnerions rien davantage :
Par-tout j' porterions not' amour.
Ordonnai-moi, etc.

Mais, que vois-je! mon père, celui de Jeannette...
Si je pouvais, sans être apperçu... monté sur l' toit
de ste chaumière, au moins saurai-je quelque chose!

*Il monte sur le toit, s'y tapit de manière à n'être vu
que des spectateurs.*

SCÈNE XIV.

MICHAUT, MATHURIN, BASTIEN.

MICHAUT.

COMMENT! il n'a pas paru!

MATHURIN.

Pas eun minute, et il a bien fait... Instruit de
son insolence, j' l'aurions reçu d' la bonne manière...
Manquai à la fille d' son bienfaiteur.... d' celui qui
soutiant sa famille.... sans qui...

MICHAUT.

J' t'en prie, Mathurin, laisses-là mes services,
et parlons d' ton fils... Où peut-il être à présent!

MATHURIN.

Si mal qu'y soit.... y fra bien d'y rester...

MICHAUT.

Acoutez, mon ami... dans l' fond Bastien n'est pas
si coupable : moi qui l'ai chassé c' matin, j' sis ben
d' moitié dans ste faute là.

C 2

MATHURIN.

Quoi! vous asseriez.

MICHAUT.

Quand j'ons vu Bastien s'amourachai d' not' fille..; j' devions l'éloigner.... J'ons négligé ste précaution... il a profitai d' ma négligence.

MATHURIN.

Mais l' respect qu'il vous doit....

MICHAUT.

N' peut-on à la fois respecter l' père et embrasser la fille ?

MATHURIN.

L.' souvenir de vos bontés...

MICHAUT.

L.' souvenir... quand jeunes amoureux sont ensemble, c' n'est pas mourgué l' passé qu'il s'occupe... ça n' pense qu'au présent... Srpendant faut prendre un parti...

MATHURIN.

J' sommes décidés, M. Michaut : ça nous fra d' la peine, car j'aimons Bastien... mais j' voulons sacrifier not' plaisir à vot' repos...

MICHAUT.

Hé bien!

MATHURIN.

J' nous séparerons d' not' fils... j' l'envarrons à

quinze lieues cheux un parent d' sa mère... Eloigné
d' mameselle Jeannette, y n' poura plus vous causi d'
chagrin ni d'inquiétude.

MICHAUT.

Vlà vot' dessein ?

MATHURIN.

Est-ce trop peu encore !

MICHAUT.

Non pas mourgué... c'est trop au contraire...
Faut un remède plus doux que ça... Si j'étions Mathurin... v'là c' que j' ferions.

DUO.

Parlez, ordonnez mon voisin :
Conseillez-moi, que faut-il faire ?

MICHAUT.

Si j'étions Mathurin,
D' Jeannette je varrions le père,
Et j' ly dirions, mon voisin,
Il faut parler sans mystère.

MATHURIN.

Hé bien ?

MICHAUT.

Mon fils aime Jeannette :
Jeannette aime Bastien ;
Couronnons leur flâme discrette.
Les separer tous deux,

C 3

C'êt rendre Bastien et jeannette
  Malheureux.
Unissons-les plutôt ensemble...
  Si j'étions Mathurin,
Vlà c' que j' dirions à mon voisin.
  Que vous ensemble?

MATHURIN.

  Mais le voisin
Dirait sans doute à Mathurin ..

MICHAUT.

Que dirait-il à Mathurin?

MATHURIN.

Il lui dirait : mon cher voisin,
Votre demande est indiscrette ;
Pour s'établir vot' fils n'a rien,
Et j' donnons beaucoup à Jeannette ..
Cherchez donc ailleurs pour Bastien.

MICHAUT.

Vous vous trompai , voisin. Par exemple , j' sçavons
mieux qu' vous , qu'alle serait la réponse ed Michaut,
et la voici.

Le *DUO continue.*

MICHAUT.

Mon ami , sans la richesse,
N' peut-on avoir le bonheur?
Si Bastien , par sa tendresse,
D' Jeannette a gagné le cœur t
Faut couronner leur ardeur...

Qu'ils s'unissent l'un et l'autre,
Et leur bonheur
Fera le nôtre.

Ensemble.

MATHURIN.	MICHAUT.
Vous connaissez ma pauvreté: A présent elle m'importune;	En ce moment la pauvreté N' doit rien avoir qui t'impor- tune.
Mais voit-on toujours la for- tune Jointe avec la probité ?	On n' voit pas toujours la for- tune Jointe avec la probité.
Mon ami, sans la richesse, On peut avoir le bonheur: Non, jamais plus douce ivresse Ne régna dans mon cœur. Nos enfans l'un pour l'autre Semblent faits; Par vous leurs vœux sont satis- faits, Et leur bonheur sera le nôtre.	Mon ami, sans la richesse, On peut avoir le bonheur: je jouis de tou ivresse, Elle passe dans mon cœur. Nos enfants l'un pour l'autre Semblent faits; Si tous leurs vœux sont satis- faits, Dans leur bonheur j' trouve- rons le nôtre.

MATHURIN.

Quoi! mon voisin.... vous penseriai ce que vous dites!

MICHAUT.

Oui, mon ami, et s'ticé j'lons d'puis longtems: sans ça aurions-je souffert l'sassiduité d' Bastien.... ses entretiens avec Jeannette.... ces p'tits jeux qui annoncent l'amiqué et font naître l'amour? j' voulions un mari qui pût rendre not' fille heureuse.... en examinant Bastien, j' lons vu à son avantage, et c'est ly qu' j' destinons à Jeannette.

MATHURIN.

Combien l' père et l' fils vous devront !

MICHAUT.

AIR.

N' parlons pas d' reconnaissance,
Mon cœur attend aut' chos' du tien ;
Le plaisir d'avoir fait du bien
Est ma plus douce recompense.

Bon Mathurin, de c' moment ci,
Qu' la joie entre nous soit commune :
   Savoir obliger son ami
C'est doubler sa fortune.

Ton fils seul : oui, ton Bastien,
Peut acquitter ste dette :
Qu'il rende heureuse ma Jeannette,
Et Bastien ne me doit plus rien.

  Mais n' parlons pus d' reconnaissance,
Mon cœur, etc.

MICHAUT.

Tiin, mon ami, vois-tu ste chaumière (*il s'en approche de plus en plus*), et c' terrain qui l'environne, j'ens acheté çi d' gros Pierre.... La maison n'est pas excellente ; ... mais j' la ferons rétablir, et c'est à toi que j' la destinons... Gnya plusieurs parties de bonnes... L' toit, par exemple, avec queuqu' réparations... *Il voit Bastien.* Ah!... eh!... Qui gniable est huché là tout d' son long!... Pargué c'est ton Bastien...

(41)

MATHURIN.

Il aura tout entendu.

MICHAUT.

Et j' voulions qu'il ne sussit rien.

BASTIEN.

M. Michaut, j' vous assure qu' jons fait not' possible pour n' rien entendre... Mais des choses si agréables, malgré soi, on n'en perd pas un mot.

MICHAUT.

Te vlà donc pus heureux que sage!...

BASTIEN.

Grace à vos bontés.... Queu plaisir! ma chère Jeannette!

MICHAUT.

Un moment not' ami, rian n'est encore fait. Faut qu' tu m' promettes!...

BASTIEN.

Oh! tout ce que vous voudrez...

MICHAUT.

D' ne rian dire à Jeannette de c' qui vient d' se passer... de ly conseillai d' faire tout c' que j' ly ordonnerons... quand ça devrait ly faire d' la peine.

BASTIEN, *suppliant.*

M. Michaut....

MICHAUT.

Sans ça, pas d' Jeannette.... pas d' mariage...

Les vlà qui viennent... l' Bailli avec elles... *Bas
à Mathurin.* Y servira à mon dessein... *A Bastien,*
et toi, prends y garde... Si tu dis un seul mot....
tu n' reverra jamais ma fille.

SCÉNE XV.

MICHAUT, THÉRÈSE, LE BAILLI, MATHURIN, JEANNETTE, BASTIEN ET JACQUOT.

THÉRÈSE.

Vous vlà, père Mathurin... vot' servante... *Bas.*
Hé bien, vot' vaurien, qu'en dites-vous ! Michaut
a tout arrangeai...

MICHAUT.

Pis que vous vlà rassemblai, faut que j' vous con-
tentions, M. l' Bailli... Vous aimai Jeannette....
J' vous ons parmis d' ly plaire, et j' sommes per-
suadai qu' ça vous a été facile.... J' devons un bouquet à not' fille... l' pus biau bouquet à seize ans,
c'est un mari... *Bas à Bastien.* Si tu fais l' moindre
signe.

LE BAILLI, *avec joie.*

Comment, papa Michaut. vous voilà décidé !...

JEANNETTE. *Elle n'ose pas regarder Bastien.*

Ah ! mon père !...

MICHAUT.

Quoi ! c' cadeau n' te plaît pas.... Un mari com'
j' te l' destine !... Faut être bian dégoûtée.

JACQUOT, à part.

Ça ne peut pas être ly....

LE BAILLI, à *Jeannette.*

Aimable Jeannette, vous refuserez-vous à mon bonheur !... Faut-il tomber à vos genoux ! *Il veut s'y*
mettre.

THÉRÈSE *l'en empéche.*

N' craignai rien, M. l' Bailli.

MICHAUT.

Acoute, Jeannette, gnya pas à balancer...J'ons
fait dresser l' contrat... *Il le tire de sa poche.* Gnya
qu'à y bouter nos signatures. M. l' Bailli donnera
volontiai la sienne... Mathurin s'ra témoin. Bastien
signera aussi. *Bas à Bastien.* Si tu bouges.

JEANNETTE.

Quoi ! Bastien..., Non, jamais... non.

LE BAILLI *intrigue.*

Comment non.... Est-ce que !...

THÉRÈSE.

Soyez tranquille....

MICHAUT.

Il signera, mourgué !... C'est à ce prix que j'ons
mis son pardon.

LE BAILLI.

Son pardon.... Qu'a-t-il donc fait !...

JEANNETTE.

Hé bien ! si Bastien consent à signer... com' vous dites...

THÉRÈSE.

Tu f'ras d' même... c'est dit....

MICHAUT.

Allons, Bastien, donnes-ly d' tes avis... T'es honnête garçon... engage-la à ne pas désobéir à son père... *Bas.* J' t'examinerons : prends garde à c' que tu diras.

SEPTUOR.

JEANNETTE.

Hé bien:
Bastien,
Que dois-je faire ?
Faudra-t-il former ce lien,
Qui me désespère ?
Dit-moi, Bastien?

BASTIEN.

Faut obéir, mam'selle,
On veut vot' bien:
Ça ne servirait à rien
D'être rebelle.

JEANNETTE.

C' est l'avis d' Bastien!

BASTIEN.

C'est l'avis d' Bastien !

JEANNETTE. | BASTIEN. | LE BAILLI | JACQUOT. | MICHAUT, THÉRÈSE, MATHURIN.

JEANNETTE.

Infidèle!

Est-ce ainsi que l'on aime?

Me conseiller vous-même
D'former un tel lien.
Ah! quel cruel martyre!
Trahir ainsi les plus beaux feux!

Le parjure! Dieux! quel martyre!

Hé! bien!
Bastien,
Faut donc obéir à mon père?
Mais le lien qui m'de-sespère,
M'causera de longs ré-pentirs.

BASTIEN.

Mamselle,
On veut vot' bien,
Ne craignais rien.
Croyez que l'on vous aime!

Si je pouvions tout dire. Voyez: elle soupire.
Des pleurs s'échappent Mais, pourquoi dedai-
De ses yeux!
Mais j' ne pouvons rien Voyez: elle soupire.
dire...
On me regarde, ah! quel Me refuser, c'est un de-
martyre!

Suivez les volontés d'un
père,
Ne craignez pas de ré-
pentirs.

JACQUOT.

Mais que peut-il lui Il voudrait tout lui
dire?
Des pleurs s'échap- Des pleurs s'échappent de ses yeux.
Mais que peut-il lui Il voudrait tout lui
dire...
?auvre Jeannette, elle Il éprouve un cruel
soupire! martyre!

JEANETTE.	BASTIEN.	LE BAILLI.	JACQUOT.	MICHAUT, MATHURIN, TUREME,
	Dans ce lien prospère Vous trouverez tous les plaisirs.	Dans ce lien prospère Je lui promets tous les plaisirs.		Dans ce lien prospère Naîtront bientôt tous les plaisirs.
Moi des plaisirs! cœur infidèle!	A mes serments je suis fidèle,			
	Obéissez, ne craignez rien.	Obéissez, ne craignez rien.		C'est bien,
J'éprouve une douleur mortelle:	Calmez cette douleur mortelle,	Pourquoi cette douleur mortelle?		Bastien,
	Obéissez, ne craignez rien:	Obéissez, ne craignez rien:		
Je vous connais, monsieur Bastien.	Vous ne connaissez pas Bastien.	Suivez les avis de Bastien.	Que peut donc lui dire Bastien?	
Voilà donc la flamme si pure Donc brûlait votre cœur? Infidèle! parjure!	Bastien jamais ne fut parjure, Bastien cherche votre bonheur.	Quoi! Bastien possède son cœur?		Suivez les conseils de Bastien.

JEANNETTE.	BASTIEN.	LE BAILLI.	JACQUOT.	MICHAUT, THÉRÈSE, MATHURIN.
Voilà donc la flâme si pure	Bastien jamais ne fut parjure,	Quelle est donc cette flâme si pure?	Quel est donc l'tour- ment qu'elle endure?	Jamais femme ne fut plus pure...
Dont brûlait votre cœur?	Bastien cherche votre bonheur.	Pourquoi cette dou- leur?	Pourquoi cette dou- leur?	Voyez sa douleur?
Amant infidèle, par- jure,	Ses plaintes déchirent mon cœur.	Le coquin m'a ravi son cœur.	Oui: Bastien vous ra- vit son cœur.	Ses plaintes déchirent mon cœur.
Vous ne cherchez que mon malheur!				

Suite de la Scène XV, après le SEPTUOR:

BASTIEN, *avec vivacité.*

M. Michaut, c'est inutile... battai-moi, chassai-moi...
j' ne pouvons résister à ses larmes... Vous n' maviai
pas dit qu'elle pleurerait.

MICHAUT.

Allons, j' sis content d' toi... Bien Jeannette,
v'là d' la constance et j' veux la recompenser... Tu
n'aimes donc pas M. l' Bailli !

JEANNETTE.

Non, mon père...

MICHAUT.

Vous l'entendai; j' ne li faisons pas dire : et tu
préfères Bastien !... Qui n' dit mot, consent. Hé
bien, c' contrat c'est pour vous deux... Vlà ton bouquet, et j' crois qui ne te déplaît pas !

LE BAILLI.

Mais... mais... c'est indigne. Me faire venir l'eau
à la bouche... et pour rien.

THÉRÈSE.

N' vous en avions-je ty pas averti ? A votre âge
on ne va pas vite, et Bastien qu'est pus alerte a pris
les devants.

On entend une musique champêtre, un tambourin, un
flageolet.

JACQUOT.

Maman, maman, vlà tous les gens de la farme avec
des

des bouquets ! ... l' père Simon et son tambourin à la tête.

MICHAUT, *s'asseyant.*

Attendai un instant... faut s' mettre en état d' représenter...

SCÈNE XVI, *et dernère.*

Les Acteurs précédents, PERE SIMON, *Garçons et Filles de la Ferme, avec des bouquets.*

PÈRE SIMON.

M. Michaut, parmettez que j' vous menions toute cette jeunesse... l'occasion d' la circonstance est trop favorable pour n'en profitai pas. Mbins leux maitre qué leux ami, vous meritez d' la reconnaissance : il est ben juste d' vous témoigner, une fois l'annéé, c' qu'on sent pour vous tous les jours.

MICHAUT.

J' vous r'marcions, père Simon... S't'amitié dont vous m' parlai, est l' pus bien cadeau qu'on puisse m'offrir. *Jacquot s'avance.* Et té, Jacquot, que vas-tu me dire, un compliment, je gage.

JACQUOT.

Un compliment... moi j' n'en ai pas...
L' cœur n'en sait pas faire ;

D

Mais je sais bien, en pareil cas,
Ce qui pourra vous plaire.
Un mot que l' cœur prononcera,
Un tendre je vous aime ;
Quelques baisers par-dessus ça,
V'là l' compliment qui vous plaira ;
E' pis chacun f'ra de même.

Il présente un bouquet, et embrasse Michaut.

Une jeune Fille.

Dans 'es villes, un compliment
N'est 'as toujours sincère ;
Ah ! combien de fois le cœur ment,
Quand 'esprit cherche à plaire ;
C' n'est 'as au village com' ça...
J' disons 'implement j'aime :
J' joignon un baiser à cela...
Et l' cœur 'ui fait c' compliment-là,
Vous fera tujours le même.

Un jeune Garçon.

Les biaux messeurs donnent de fleurs
Nouvellemot écloses ;
Mais les sentimens de leurs cœurs
N' dur' pas pus que les roses....
C' n'est pas au vilage com' ça...
C'est d' bonne foi 'u'on aime...
Notre bouquet se fnera...
Mais l' sentiment qu'l' présenta
Sera toujours le même.

JEANNETTE, *montrant Bastien.*

Vous avez, par c' bouquet flatteur,
Comblé mon espérance ;
L'amour au fond de notre cœur
A mis vot' recompense...

BASTIEN

Par lui not' menage augmeut'ra ,
C'est ben sûr quand on s'aime ;
Dans dix mois il vous offrira
Un autr' bouquet que celui la ;
Puis tous les ans sra d' même.

MICHAUT.

Touches là Bastien... j'accepte ste promesse...
mais morgué faudra la tenir... Alons, enfants, de
la joye.... Est-ce qu'on ne danse pas, père
Simon!....

PÈRE SIMON.

Hé bien une ronde pour commencer.

RONDE.

Premier Couplet.

Mon flageolet, mon tambourin ,
Sont toute ma richesse ;
Avec moi, l' plaisir va son train,
Sans nuire à la sagesse.
Venez, venez sur les gazons,
Jeunes filles , jeunes garçons ,

Mêlez-vous à ste danse.
Et si le jeu vous semble bon,
Faites un signe au pèr' Simon,
Et le vlà qu'il commence.

2e. Couplet.

J' donnai la première leçon
Hier à la jeune Annette.
D' mon flageolet le joli son
Plaisait à la fillette :
Ah ! disait-elle, Pèr' Simon,
Com' ol est bien sur ce gazon !
Rien n' vaut mieux que ste danse.
Qu'est-ce donc quand on va finir,
Pis que l'on a tant de plaisir
Drès l'instant qu'on commence ?

3e Couplet.

Annette, au bout de ste leçon,
Etait déjà savant,...
Mais j' lisais dans son œil fripon
Qu'all' n'était pas contente...
Annette, hé bien, qu'avez-vous donc !
Vous abregez trop à leçon,
Guya qu'un instant que j' danse...
Mam'selle il fallait bien finir ;
Mais si cela vous fait plaisir,
Venez... je recommence.

4e. Couplet.

J'avais beau la faire danser,
Rien ne lassait Annette...

A force enfin d' recommencer
Mon flageolet s'arrête. . . . .
Quoi ! vous cessez, père Simon ?
Votre instrument n' rend plus de son ;
Faut donc quitter ste danse ?
Mais menagez vot' flageolet,
Car demain, Simon , s'il vous plaî ,
Faudra qu'on recommence.

Après la ronde, on dansera un peu , sans que personne quitte la scène. . . . . Ensuite Michaut se levera et dira :

MICHAUT.

Venez, mes enfants. j'ons fait assez de besogne pour boire un coup. Allons nous mettre à table , et le verre à la main, j' souhaiterons à ces jeunes gens tout ce qui est nécessaire quand on s' met en ménage.

Ici le Vaudeville *et le* Ballet *continuera , si l'on veut.*

VAUDEVILLE.

C' qu'est l' plus nécessaire en ménage,
C'est du courage et d' la santé ;
L' bien n'est pas c' qui plaît davantage :
On est riche avec la gaîté.
Au village , femme jolie
Est le trésor qu'on sait choisir.
A la ville , quand on s' marie,
On a d' l'argent et point d' plaisir.

BASTIEN.

Toujours plein d'une tendre ivresse,
Bastien 1 songera qu'à ton bonheur.
C' qui ly manque pour la richesse,
S'ra remplacé par son ardeur.
Mais si l' tuvail et le courage
Suffisent pour nous enrichir...
J' te promettras dans not' menage
Et de l'argent et du plaisir.

LE BAILLI.

Je reçonnais bien la jeunesse....
Croyant que rien ne peut finir...

THÉRÈSE.

On est plus sag' dans la vieillesse,
On promet peu, pour pu tenir.
M. l' Bailli soyez sincère
Devait-elle autrement choisir,
Quand vous offriez pour lui plaire,
Vous la fortune, et lui l' phisir?

JEANNETTE, au parterre.

N'ayant écrit que pour vous phire,
L'auteur voudrait y réussir....
Il craint encor' plus qu'il n'espère,
De sa peur daignez-le guérir:

Qu'un geste heureux le dédomage
De la peine par le plaisir. . . .
Il est payé de son ouvrage,
Dès qu'il vous entend l'applaudir.

F I N.

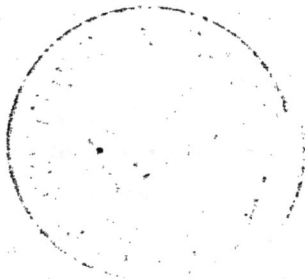

De l'Imprimerie le GUILHEMAT, Imprimeur
de la Liberté, rue Serpente, n° 23.